Naranja Sangre
por Yaffa AS

Para aquelles que sueñan con mundos mejores y para quienes los construyen.

Introducción

Han pasado dos años.
El mundo es un poco más sombrío, y sin embargo, Filistea está en el mapa en más de una mente además de la mía.

Llevo una kufiya y, en más de una ocasión, al menos una persona la reconoce.
Generalmente de maneras hermosas, a veces de maneras dañinas.

He perdido la cuenta de cuántas veces he sido acosade, las amenazas de muerte que he recibido, y la emanación de amor que encuentro en el mundo.

Sé que no es la visibilidad lo que nos salvará, algo que muches están aprendiendo dolorosamente.

Siempre he sabido que solo porque la mayoría apoye a Filistea eso no nos moverá a una Filistea libre.

La mayoría no apoya el genocidio.

La mayoría no apoya la supremacía blanca.

La mayoría está a favor de un mundo mejor, y sin embargo solo una minoría está dispuesta a hacer el trabajo para construir un mundo mejor.

Si la visibilidad era la meta, la hemos logrado.

Si la liberación es la meta, entonces aún tenemos que empezar.

Naranja Sangre se escribió en parte para dar visibilidad y en parte para construir infraestructura de atención comunitaria.

No conocía a muchas personas trans Palestinas hablando sobre el genocidio después de Octubre 7 de 2023, y conocía aún menos trabajando para apoyar a personas trans Palestinas en Gaza, antes y después.

Definitivamente no conocía a nadie más que tuviera la infraestructura para movilizarse tan rápido como se necesitaba. Sin embargo, yo sí.

Tenía los contactos, la infraestructura para centrar a las personas trans Palestinas por primera vez, a la vez que construía una red de apoyo comunitario para sostenernos.

Escribí Naranja Sangre el fin de semana después de Octubre 7, bajo un eclipse lunar en el desierto. Exactamente un mes después estaba a la venta.

Docenas de eventos después, con casi 10,000 ejemplares, 100,000 dólares para apoyar a personas queer y trans Palestinas, y aún no somos libres, no hemos sido liberades.

Decenas de miles han oído hablar de personas trans Palestinas, pero rara vez de alguien además de mí.

Dos años más tarde y este es el único fondo para personas trans Palestinas.

Somos les arquitectes de un mundo liberado y nos matan cada día por saberlo. Incluso en la muerte somos liberación. Sin embargo, para muches, el mundo está aún por comenzar.

En los últimos dos años, seis libros se publicaron después de Naranja Sangre, cada uno explorando caminos hacia la liberación.

Naranja Sangre siempre será parte de una historia de origen, pero el trabajo no comienza ni termina con ella.

El trabajo continúa, la visibilidad y la invisibilidad pueden irse al carajo.

El trabajo continúa hasta que nos liberemos.

Que este trabajo sirva como recordatorio de que somos y siempre seremos liberación.

Le estoy agradecide a Oslavia Linares y Andrea Ramos Campos, quienes trajeron a la vida esta traducción.

Como obsequio, incluyo nuevos poemas inéditos como recordatorio de que el trabajo continúa hoy, mañana, y todos los días hasta que seamos libres.

Descansa

se olvidan
de lo discapacitada
que estoy, pero mi
cuerpo no

repite una y otra vez
"nadie acepta
máscaras aquí,"
como si mi vida,
las de les demás,
no estuvieran
en juego

no se dan cuenta
de que dicen
que su comodidad
es más importante
que mi vida,
pero ¿me lamentan
cuando muero?

mi autismo
retrocede
yo retrocedo

¿atemorizada de un mundo
que he "dominado"?
me río
conozco el juego
conozco las reglas
gano en mi tablero,
pero ¿está dominado si
ni siquiera tengo acceso
al resto?

hoy estoy cansada,
hermana discapacitada,
aferrándome a la vida
de un solo clavo
espero que se rompa pronto
espero que descanse pronto
este mundo no es para que ella
descanse en él

que todes
descansemos

en cambio, dicen
el descanso es resistencia,
sin nunca percatarse
de que algunes de nosotres

solo podremos descansar cuando

seamos liberades

así que descansan en

su privilegio

ella muere

yo muero

afirman que nos amaron

entre tosidos

en aviones

hacia cuerpos

finalmente en casa

en reposo

Progresista

es hilarante oír
"progresista excepto por Palestina"
dicho por transfóbicos,
personas adversas al trabajo sexual
y personas capacitistas
que creen que enmascararse
es un deber
y que apoyar a todos
perjudica su movimiento

osea, ¿tú
crees que es
"progresista si apoyas a Palestina"
y puedes abandonar
al resto?

Esto...

llueven recuerdos
mientras contemplo el mar
cada ola, un cuerpo
estrellándose contra la orilla

me pregunto,
si permanezco aquí
suficiente tiempo
¿volverán los vivos?

bombas explotan en la distancia
silenciosas
las esquirlas reemplazadas por
hambruna

¿para qué desperdiciar bombas?
cuando el cuerpo
sabe cómo volver
a casa

yo sé
cómo esto termina
siempre lo he sabido
preparade para el futuro

cuando hablo sobre
el millón de muertos
lo diré una y otra vez
fracasamos

fracasaste
te negaste a
detener el
mundo

¿acaso nadie te dijo?
este mundo es nuestro
para detenerlo
nos lamentamos
aquelles que saben la verdad
conociendo la creencia
¿hay un genocidio aún por ser?

sabemos
la verdad
cómo detenerlo
pero nos mantenemos soles

¿en qué momento
decidiremos
detenerlo?

esto...

Diáspora

estar en la diáspora
es tener al genocidio
en tu puerta
y no estar en casa para recibirlo

estar en la diáspora
es preguntarse
qué porción de tu nómina
mató a tu primo

estar en la diáspora
es que te digan
que no eres de ninguna parte
mientras te matan en todas partes

estar en la diáspora
es estar siendo
asesinade
sin nunca sangrar

Yo Soy

yo no soy
un cuerpo
que puedas matar

yo soy
un movimiento
que no puedes saciar

yo no soy
un pensamiento
que puedas extinguir

yo soy
una chispa
que no puedes apagar

yo no soy
un acto
que puedas contra-atacar

yo soy
una voz
que no puedes acallar

yo no soy
una Palestina
que puedas borrar

yo soy
soberanía indígena
que no puedes suprimir

yo soy
Palestina
soberanía indígena
un movimiento
un pensamiento
una voz
soy inevitable

Lengua Madre

la llaman
lengua madre
porque ésta
debe de
inscribirse en
tu ser
porque todos
tenemos una
madre

pero,
¿a dónde es que
los huérfanos
van?

aquelles de nosotres
sin
un lenguaje que
nos aterrice
un lenguaje que
nos recuerde
me recuerde
cuando yo no
le recuerde

la recuerde
a mi madre
a la madre de
mi lengua
mi pueblo

yo tengo una lengua
yo tengo lenguajes
y he perdido a
mi madre
lengua

porque la memoria
y el desplazamiento
y la disociación
y el aprendizaje
y el desaprendizaje
exigieron su
pérdida

mi pérdida

Filistea

no hay
días sin
Palestina en un corazón
al que se le dijo
que estaba equivocado
el añorar por
algo que
supuestamente nunca fue
mio

mi corazón
añora más allá
del conocimiento de lo que
era y será
una certeza
que las palabras nunca podrán
definir

yo atisbo
mi tercer ojo
extendiéndose a los campos
de cítrico y olivo
donde se derrama sangre
que se siente y ve

como la mía

mapeando el sendero
a lo largo de nueve países
donde la sangre y las lágrimas
guardan pedazos de
indigenidad
que es mía

me pregunto
cuando ella me
llame a casa
abriendo su seno
a estados de consciencia
más allá del tiempo
y el espacio

yo soy y no soy
hogar
porque yo soy
Palestina y
ella añora que
yo saboree el
hogar

En Nuestro Camino

nuestros cuerpos polarizan
sin embargo hacen noticia
soy consciente
de que otros cuerpos
no
un privilegio es un privilegio
aun cuando empieza
y termina en genocidio

nuestros cuerpos son poderosos
sin embargo yacen bajo toneladas
de concreto y escombros
que huele a jazmín
y salvia, glaseados con naranja
e higo
rociados con olivo
aceite que describe a Allah
en una linterna más allá

nuestras mentes se tuercen
bajo el peso de la
injusticia en sangre derramada
abuso psicológico y borrado
el peso del

genocidio indígena
sujetado a nuestros cinturones
soltado solo cuando
nosotres somos

nuestra gente
se levanta como jirones
de agua de rosas
respirando vida
en knafeh y
helado de pistacho
en calles inscritas
con memorias perdidas
al tiempo fertilizando
hogares a los que
retornaremos antes que
el tiempo empiece

somos el inicio
y el final en una historia
ninguno y aún
ambos a la vez

somos Palestina
llamanos por cualquier otro
nombre pero seguimos siendo

lo que somos
Palestines

Palestina
gentes indígenas
en nuestro camino

Sudoeste

no se
si estás bien
nombres y rostros
de hace años
familia desterrada
sudoeste en lugar de
sudeste
perdides en el mar
en una prisión a cielo abierto
que tal vez nunca vea

no estoy segure
a quién preguntar sobre
ustedes, hermanos de un
abuelo perdido
a la pandemia y el tiempo
infantes apenas
recordandolo
y menos de tí

¿me recuerdas
como yo recuerdo
pedazos de ti?
o estoy perdide

nombres y rostros
que apenas asemejan
tu Negritud
no más
tal vez te preguntas
y dices ¿que le
sucedió a aquelles
que se fueron sudoeste
en lugar de sudeste?

Yo Entiendo

el dijo
no puedes ser
Palestine
porque no eres
suficientemente blanque

dicen que
mi gente
arrastrará mi
cadáver muerto
alrededor

netanyahu
dice que
causamos el
holocausto

ella se rehúsa
a mirar hacia mi
lado, aseverando
una y otra vez
que no hay
tal cosa
como une

palestine

él dice
yo debería machacarte
a golpes
pero por qué hacer
lo que los trenes pueden

yo entiendo

yo entiendo

Naranja Sangre

yo soy de
un pueblo que
ha muerto un
millar de veces
cada que la gente blanca
venía y conquistaba

nuestra sangre llenando
árboles y cañadas
tornando el
mar un naranja sangre
como un eclipse que
olvidó
menguar

el mundo acaba
renaciendo aquí
una y otra vez
somos la prueba final
para una humanidad
que continúa
fallando

angeles observan

bañandose en el mar de lot
preguntandose por qué
te ha sido
permitido
continuar
una y otra vez

el tiempo acaba
la vida inicia
aun así somos

aun así seremos
seremos tu
envidia y odio
tu terror en
la noche que
tú creaste para
ti mismo

Sionista cisgénero blanco

él dice
sigues siendo bienvenide
aquí
te amamos

como si
el genocidio de mi pueblo
que él sostiene
apoya
paga por
no es causa
para estar lejos
como si todas
sus vidas significasen
nada comparadas
a una sola
relación forzada
en mí
en primer lugar

él no
sabe o entiende
que aun si
lo amara por sobre todo

él no es nada
comparado con cada
persona indígena
allí afuera

la caucacia
de les sionistas cis-blanques
de creer que ellos
importan más que
el resto del mundo

Un Genocidio

es todo
un solo
genocidio
¿si ellos
no pueden distinguirnos
a lo largo
de cientos de años?

Saludable

no estamos
destinades a
estar bien cuando
el genocidio es
nuestro vecino
y es financiado
por nuestro trabajo

¿estamos
destinades a ser
un desastre
nuestro sueño
lagrimeando en
realidad
ansiedad fermentándose
preguntando qué
es la esperanza?

estamos
destinades a
desgarrar las costuras
de la realidad
realizando una realidad
construida sobre la opresión

es mierda

estamos
destinades a
realizar y demandar
todo lo que valemos
la auto-actualización
integridad
sistemas de cosas que
construidos sobre el genocidio
nunca pueden

nuestra respuesta
etiquetada por
el capitalismo occidental
como errónea es
saludable
nos movemos a la
completez
siempre
elles se mueven al
dolor, intentando
arrastrarnos
con elles

Disparidad

mi ser trans y
una percepción colonizada
sobre Palestina son
dispares

elles creen que
por el islam
carezco de modernidad
yo digo que solo
he recibido amenazas de muerte
apuntando a mi
transgeneridad de parte de
gente blanca, sionistas
y otras
varias afiliaciones
políticas

yo digo solo gente blanca
gente blanca a mi alrededor
ha alguna vez negado
a les suyes
sin embargo yo no
les hablo a hermanas
que eligen comprar

transfobia imperialista
reclamándola
como propia

mis padres
no entienden
porque algunes de
sus hijes
podrían odiar algo que
algune de sus
hijes pudiera ser
porque alguien
odiaría lo que
elles no
conocen

Enlistando

hago una
lista, enlistando
quién dice qué
cuándo, dónde
o quién no
dice qué
cuándo, dónde
cristalizando
apoyo e
hipócritas
quienes al final
construyen un mundo
no hecho para
nosotres

Cuando el Mundo Acabe

me tenso
en pesadillas
despierte
mi sueño repleto
con reposo
el toque de otro
tan lejos de mi
verdad

tus cuencos sonoros
calman un océano
de catástrofe
precipitándose hacia un
huracán fuera
de cada costa

gracias reiki
estoy abierte a aceptar
tus manos deslizándose
a lo largo de mi piel
mis chakras despertando

tu no
entiendes

pero entender
nunca ha sido
necesario para
sostener

tú estás a
la mano allí cuando
lo necesito
cuidando de
alguién que
nunca ha aprendido a
aceptar cuidados

cuando el mundo
acabe
yo se que solo tú
pensarás sobre mi
entonces

Líneas y un Círculo

trazaste una línea
cuando dijiste que
no tenías que
tolerar gente queer
y trans

trazaste una línea
cuando dijiste que
un estado colonial
es válido
al defenderse a sí mismo
y llevar al genocidio

trazaste una línea
cuándo dijiste que
los policías son necesarios
para mantener
la paz

dibujaste una línea
cuándo dijiste que
todas las vidas importan
crimen de negres-contra-negres
unas cuantas manzanas podridas

como si el huerto
no necesitase
quemarse

trazaste una línea
cuando dijiste
pro-vida
es una elección femenina
que esto sea invivible
cuando nuestros derechos nunca
fueron nuestros

trazaste una línea
cuando dijiste
cualquier persona azul
como si azul y rojo
no fueran hermanos

has trazado
cada línea
que podría haber
mientras nosotres
esperamos un círculo

Cada Fibra

si cuentas
cada fibra
en una naranja de Yaffa
encontrarías
¿a mi pueblo muerto?
¿a mi familia?
¿a mí?

En Solidaridad Con

"Yo estoy en solidaridad con"
Palestina
Armenia
pueblos indígenas
de todo el mundo
no se siente adecuado

¿es estar en solidaridad con
cuando he votado
por gente que
mató a mi familia?

¿es estar en solidaridad con
cuándo voy a una sola
protesta mientras tú
eres tapizado
con bombas de fósforo?

¿es estar en solidaridad con
cuando me percaté de que la política
no está hecha para
alguién como yo y
que yo soy le siguiente?

¿es estar en solidaridad con
cuando soy une colonizadore
mi indigenidad asesinada
a miles de millas de distancia?

¿es estar en solidaridad con
volando sobre océanos
permitiendo a mi cuerpo
rebotar del mar
a una utopía y
el olvido?

¿qué es estar en solidaridad con
sino una jerga
capacitista que pretende
que estoy haciendo
algo del todo?

yo estoy en solidaridad con
tu mueres
hasta que mañana
yo muera
tú estarás en solidaridad

Lo Trans y Palestina

¿si yo no fuera trans
Palestina sería libre?
no, entonces cómo chingados
te atreves a mencionarlo
en lugar de decir
¡Palestina Libre!

Renunciar

sabemos que termina
en llamas porque a aquellos
con poder nunca
se les enseñó a renunciar

les esperamos a elles
olvidamos que no puedes
ceder lo que no era
tuyo para empezar

Preguntas en el Desierto durante un Eclipse

si se me hubiera asignado
femenino al nacer
¿me habría sido posible
morir en Palestina?

¿hay alguna
parte de mi
que yo pueda sacrificar
por una
Palestina libre?

si nunca
pongo pie en
Palestina
¿acaso Filistea
me recordará
del todo?

si la luna
se detuviera
¿Palestina sería
libre antes de

la siguiente glaciación?

si el goce es
revolucionario
¿cuánto éxtasis
necesitaría
para liberar Palestina?

Resistir

nosotres no
resistimos porque
una acción
nos liberará
hoy

nosotres no
resistimos por
una Palestina
libre
hoy

nosotres no
resistimos por
más privilegio
hoy

nosotres no
resistimos por
un retorno a la
paz
hoy

nosotres resistimos

por un mundo
libre y
descolonizado
hoy
mañana
todos los días

Estrellas

las estrellas
reposan
en paz
a una distancia segura del
genocidio y el dolor

me pregunto si
nos miran
y se preguntan
por qué somos
de la manera que somos

un infante contempla
las mismas estrellas
pero las suyas vienen
a encontrarle
hinchiendo con fósforo
sus pulmones

les envidio
retornando
a las estrellas
que no
conocen

Contar

si no hay
nadie
para contar
los muertos acaso
no cuentan?

Humanidad

hemos aprendido
una y otra vez
que nadie nos salvará
sin embargo tratamos
esperamos y curioseamos
si tal vez en esta ocasión
la humanidad gane
olvidando que la humanidad
no ha significado nada
por cientos de años

Marte

estoy perpleje
sobre un marte descolonizado
es gracioso que
descolonizamos lo que ha existido
billones de años antes de
la colonización

si marte es un forastero
¿es marte nuestro planeta?
si marte es todo lo que la gente blanca
desprecia, ¿es marte una persona trans de
color?
si marte es un símbolo para los militares,
¿es marte una respuesta a nosotres?

pareciera que dentro de un
mundo imperialista, marte es el planeta para
aquelles
de nosotres a los márgenes de la
marginación

la blanquitud dice que marte es sobre
la comunicación y el sexo
pero la comunicación es para les

civilizades, les blanques
sexo es para les inocentes, también blanques

nuestra comunicación es castigada
usada en nuestra contra, diaria y
sistemáticamente
nuestro sexo nos es impuesto
nuestros cuerpos profanados
nulos para empezar

nuestros cuerpos, nuestra tierra, nuestros
recursos
nuestro ser fetichizado
existiendo sólo dentro de la blanquitud
canibalizados
denegando el rojo
de nuestra sangre

La Blanquitud se Alimenta

de carne Negra y cafe,
llamándonos les caníbales

la blanquitud se alimenta
de cultura Negra y cafe,
llamándonos les incultes

la blanquitud se alimenta
de tierra Negra y cafe,
llamándonos derrochadores

la blanquitud se alimenta
de almas Negras y cafes,
llamándonos desapegades

la blanquitud se alimenta
a sí misma
canibalizando naciones en
ejércitos, como turistas
como trabajadores sociales en
zonas de guerra que elles crean

la blanquitud quiere ser
mucho más

la blanquitud falla

Marginalizade

ser marginalizade
es ser instrumentalizade
contra otres
en los márgenes
para mantener nuestra
y su marginación
somos las armas de
guerra contra nosotres mismes

Amal

vendrá
un día en que
el sol se ponga en
un mundo y se alce
en otro
donde la
soberanía indígena
sea honrada
donde lo queer
ya no
exista
donde lo trans
ya no sea
una identidad
donde la humanidad
signifique algo
genuino

Victoria

ella atisba de vuelta
recubierta de rosas y aplausos
arco en mano
caballo glorioso
ella es la victoria

la victoria es engañosa

elles determinan la victoria
o
la victoria es victoria
aun cuando no hay
ni rosas, ni aplausos

cuando un infante está
perdido en los escombros
¿también es
victoriose?
o ¿está
la victoria en las manos de quien
jala el gatillo?

Tasleem

¿cómo te
desapegas
cuando tu pueblo
  -   cualquier pueblo
está siendo descuartizado?

¿cómo
tienes fe
cuando el genocidio
está a tu puerta
y tú no estás en casa
para responderle?

¿cómo te
rindes
cuando nunca has tenido
control
en primer lugar?

nos rendimos
porque
nunca tuvimos control
en primer lugar

tenemos fe
porque nuestro
impalpable ha sido
nuestro único
abrazo

nos desapegamos
porque no somos
una mente y un cuerpo
somos infinitos

Anillo de Poder

la luna y el sol
parten tras
abrazarse
en un anillo de fuego

cuántos millones de factores
tuvieron que alinearse
para permitir este abrazo celestial

si todos esos pudieran alinearse
una Palestina libre
se ve tan fácil

La soberanía indígena
garantizada

Pieza Móvil

no es ni
el sol ni la luna
moviéndose
lo que les muestra
intersectando

es la tierra moviéndose

los estados coloniales
siempre serán
sólo eso

los pueblos indígenas
siempre
resistirán

somos la pieza móvil

Devolución de Tierras

yo
no se nombres
borrados del
tiempo en Gaza
así como yo
no recuerdo
los nombres de
les tatara tíos y
tías quienes
han sido reclamados
por nuestra tierra

decir que
han sido asesinados
es asumir una pérdida
que nuestra tierra
nunca sentirá
porque estamos hechos
de ella y
sin importar cuantas
capas de fósforo
llenen el aire
regresamos a
ella en nuestras muertes
elles pueden
exacerbar el

proceso de nuestro
retorno pero retornar
es lo que haremos

de pie a miles
de millas de distancia
aun aquí yo se que
ella me tomara
de vuelta
pues la distancia
es una creación
que está enterrada
con cuerpos
que nunca fueron
nuestros

no somos
quienes
toman tierra
de vuelta
es la tierra
la que nos toma

Agradecimientos

Extiendo mi inmensa gratitud a cada une de quienes han alzado su voz contra este continuo genocidio y que luchan por crear un mundo libre de colonialismo. Un agradecimiento de corazón a Michael Cogan por su apoyo constante--desde la edición al diseño de portada, planeación, y mucho más. Le debo una nota de especial apreciación a Andrea Ramos Campos; sin su colaboración estratégica, este libro no habría visto la luz del día. A Kanzi Kamel y Ave', gracias por su apreciable amistad y por el incesante apoyo durante este viaje.

Un agradecimiento especial a George Ramirez, no solo por sus contribuciones al diseño de portada sino también por haber sido un firme pilar en mi vida, sosteniéndome por lo que parecieran múltiples vidas.

A mis padres y familiares quienes siempre me han visto y apoyado en cada faceta de quien soy, les debo mi gratitud interminable.

Le estoy agradecide al Queer Arts Future y al Moment Cooperative and Community Space por su incansable labor en levantar a las comunidades queer y trans todos los días, y por su apoyo incansable para el lanzamiento de "Naranja Sangre." Mi gratitud también se extiende a Hannah Moushabeck, Tori Lanett, Lamya H, and Shereen Sun por su retroalimentación reveladora. Un saludo a Eman Abdelhadi, quien apasionadamente vislumbra una Palestina libre y sobrelleva una increíble labor hacia esa visión. Por último, a quien sea haya inadvertidamente olvidado: realmente toma toda una comunidad para traer a la vida cualquier trabajo, y por ello, estoy eternamente agradecide.

Sobre le Autore

Mx. Yaffa es une aclamade individue discapacitade, autista, trans, queer, Musulman, y Palestine indígena quien ha recibido múltiples premios por su transformador trabajo alrededor del desplazamiento, descolonización y equidad; centrándose en las experiencias de primera mano de muches individues más impactades por la injusticia.

Mx. Yaffa es Directore Ejecutive de la Muslim Alliance for Sexual and Gender Diversity (MASGD), asi como le fundadore de varias organizaciones sin fines de lucro y proyectos comunitarios.

Mx. Yaffa es ingeniere, doula de parto y deceso, especialista en apoyo de pares, consultore, y artiste.

Mx. Yaffa es cuentacuentos y consultore de equidad y transformación, habiendo compartido su historia con más de 150,000 asistentes en presentaciones alrededor del mundo.

Sobre Publicaciones Meraj

Meraj Publishing es una casa editorial Musulmana Trans y Queer (MTQ) que se centra en voces MTQ de la mayoría mundial. Reconociendo las vastas inequidades en la industria editorial, buscamos facilitar a individues MTQ de la mayoría global que sean dueñxs completes de sus historias. Meraj prioriza historias centradas en construir utopía, esperanza, amor, espiritualidad, y pertenencia. Meraj Publishing es enteramente administrado y operado por la mayoría MTQ global.